Herzlichen Glückwunsch zur Hochzeit!

_____

_____

_____

_____

Bei der Brautwerbung
ist der Mann so lange
hinter der Frau her,
bis sie ihn hat.

Jacques Tati

Das Geheimnis
einer langen Ehe? Ganz einfach:
Man muss nur den richtigen
Partner finden
und alt genug werden.

Der kluge Ehemann kauft seiner
Frau nur das teuerste Porzellan,
weil er dann sicher
sein kann, dass sie es nicht
nach ihm wirft.

Der Mann ist von seiner Natur
her ein Nestflüchter.
Die Heirat ist meist das Resultat
eines beherzten weiblichen
Angriffs.

Im Ehestand muss man sich hin und wieder streiten, sonst erfährt man ja nichts voneinander!

Johann Wolfgang von Goethe

Der einzige
Entschuldigungsgrund für
eine Liebesheirat
ist die unüberwindliche
gegenseitige Zuneigung.

George Bernard Shaw

Der ideale Ehemann
raucht nicht,
trinkt nicht,
flirtet nicht und –
existiert nicht.

Erfolgreich ist der Mann,
dem es gelingt,
mehr zu verdienen,
als seine Frau ausgeben kann.
Und eine erfolgreiche Frau
ist genau diejenige,
der es gelingt,
einen solchen Mann
zu finden.

John D. Rockefeller

Das Geheimnis einer
glücklichen Ehe besteht darin,
Katastrophen als Zwischenfälle und
Zwischenfälle nicht
als Katastrophen zu behandeln.

Harold George Nicolson

Der Hochzeitskuchen
ist die gefährlichste
aller Speisen.

Aus den USA

Männer, die behaupten,
sie seien die uneingeschränkten
Herren im Haus,
lügen auch bei anderer
Gelegenheit.

Mark Twain

**Das ewige Problem
der verheirateten Frau:
Wie mache ich aus
einem Windhund
einen Neufundländer?**

Karl Farkas

Die Ehe ist eine
gerechte Einrichtung:
Die Frau muss jeden Tag
das Essen kochen,
und der Mann muss es
jeden Tag essen.

Alberto Sordi

**Wenn eine Freundin
zu teuer wird,
ist es Zeit,
sie zu heiraten.**

Peter Sellers

Wenn ein ausgekochter Junge
ein mit allen Wassern
gewaschenes Mädchen heiratet,
so gibt das noch lange
kein sauberes Ehepaar.

**Zum Zustandekommen
einer Ehe gehören
selbstverständlich zwei Personen,
nämlich die Braut
und ihre Mutter.**

Die Ehe ist
eine gegenseitige
Freiheitsberaubung
in beidseitigem
Einvernehmen.

Oscar Wilde

Die meisten Differenzen in der Ehe beginnen damit, dass eine Frau zu viel redet und ein Mann zu wenig zuhört.

Curd Goetz

Der einzige Geschäftszweig,
bei dem die Mehrzahl
der leitenden Positionen
mit Frauen besetzt ist,
ist die Ehe.

Robert Lembke

> Die Hochzeitsreise
> ist der erste Versuch,
> der Eherealität
> zu entgehen.

August Strindberg

Just married

LOVE LOVE LOVE LOVE LOVE LOVE

Die geschmackvolle Frau wählt den Mann, der ihr am besten steht.

Emilio Schuberth

**In der Ehe ist es
wie beim Bruchrechnen:
Es kommt vor allem auf den
gemeinsamen Nenner an.**

Luise Ulrich

$$\frac{1}{\heartsuit} + \frac{1}{\heartsuit} = \heartsuit$$

Titelbild: Hulton-Deutsch Collection/CORBIS
Bild 1: Bettmann/CORBIS
Bild 2: Bettmann/CORBIS
Bild 3: H. Armstrong Roberts/CORBIS
Bild 4: Bettmann/CORBIS
Bild 5: Underwood & Underwood/CORBIS
Bild 6: Bettmann/CORBIS
Bild 7: John Springer Collection/CORBIS
Bild 8: John Springer Collection/CORBIS
Bild 9: John Springer Collection/CORBIS
Bild 10: Bettmann/CORBIS
Bild 11: CORBIS
Bild 12: Bettmann/CORBIS
Bild 13: Bettmann/CORBIS
Bild 14: Bettmann/CORBIS
Bild 15: John Springer Collection/CORBIS
Bild 16: Jack Holligsworth/CORBIS
Bild 17: Bettmann/CORBIS
Bild 18: Bettmann/CORBIS
Bild 19: Underwood & Underwood/CORBIS
Bild 20: H. Armstrong Roberts/CORBIS
Bild 21: Bettmann/CORBIS
Bild 22: Bettmann/CORBIS
Bild 23: Bettmann/CORBIS

© Korsch Verlag GmbH & Co. KG, Gilching, Dezember 2013
Gestaltung: Barbara Vath
Redaktion: Christine Guggemos
Lithografie: WB Druck Media GmbH, A-Saalfelden
Druck und Bindung: Drukarnia Interak Sp. z o.o., PL-Czarnków
ISBN 978-37827-9137-3

Verlagsverzeichnis schickt gern:
Korsch Verlag GmbH & Co. KG, Postfach 10 80, 82195 Gilching
www.korsch-verlag.de